Adele Enersen

Os sonhos
do meu bebê

SEXTANTE

*Meu nome é Adele
e esta é minha filha, Mila.*

Quando ela nasceu, fiquei tão empolgada que mal conseguia dormir.

Mas Mila passava horas e horas num sono profundo e, enquanto isso, a única coisa que eu podia fazer era ficar olhando para ela e imaginar o que estaria sonhando.

Depois de semanas observando minha menininha dormir, comecei a ver seus sonhos e decidi fotografá-los.

Estes são os sonhos de Mila.

Quando ela sonha que está brincando

com seus amigos...

viaja para um gramado verdinho, onde colhe margaridas...

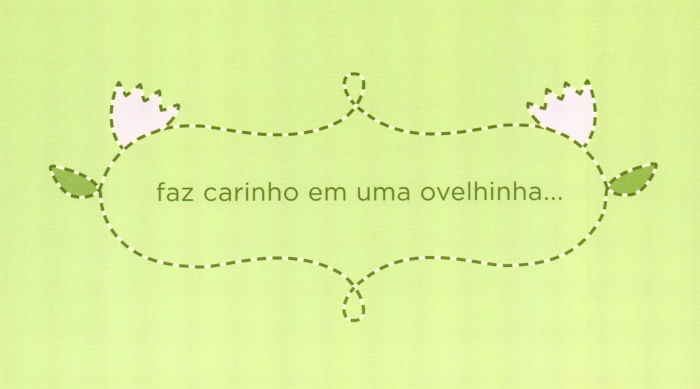
faz carinho em uma ovelhinha...

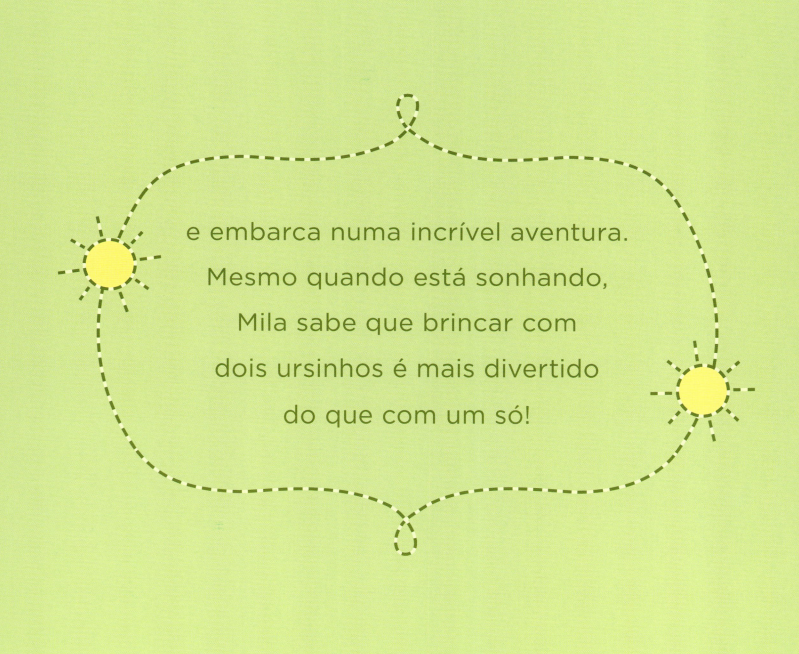

e embarca numa incrível aventura.
Mesmo quando está sonhando,
Mila sabe que brincar com
dois ursinhos é mais divertido
do que com um só!

Quando sonha em ser grande...

cresce tanto que pode dominar a cidade...

e fica tão gigante

que até conquista o Universo...

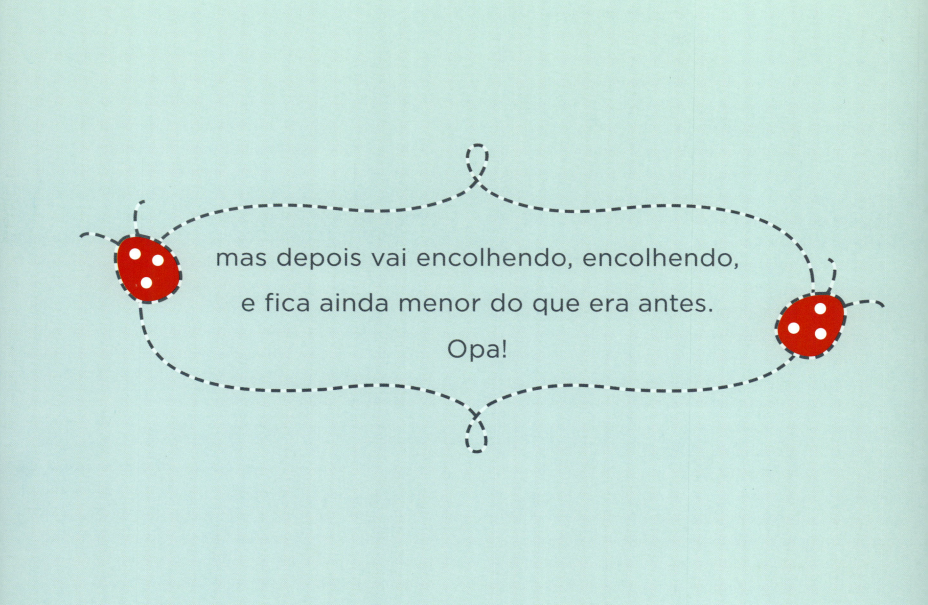

mas depois vai encolhendo, encolhendo,
e fica ainda menor do que era antes.
Opa!

Quando ela sonha que é um inseto...

transforma-se em uma traça e quer devorar todos os livros!

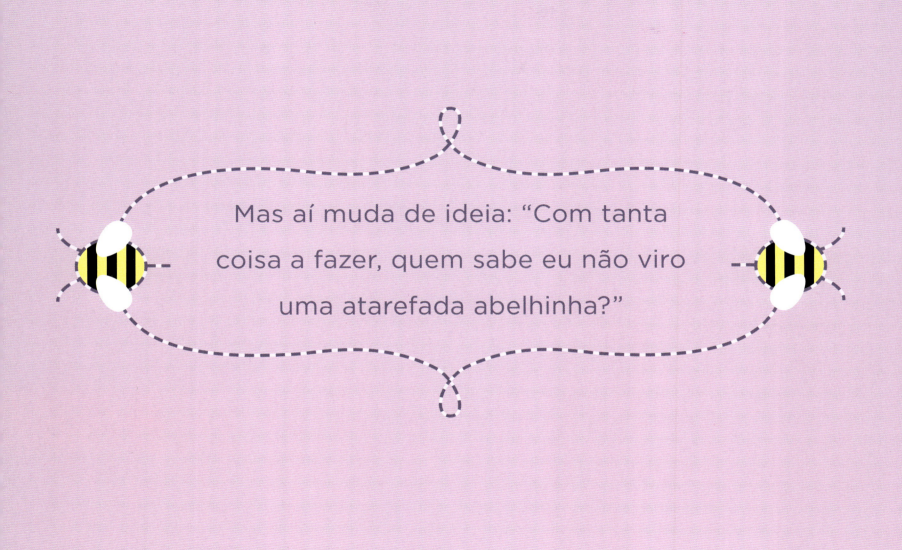

Mas aí muda de ideia: "Com tanta coisa a fazer, quem sabe eu não viro uma atarefada abelhinha?"

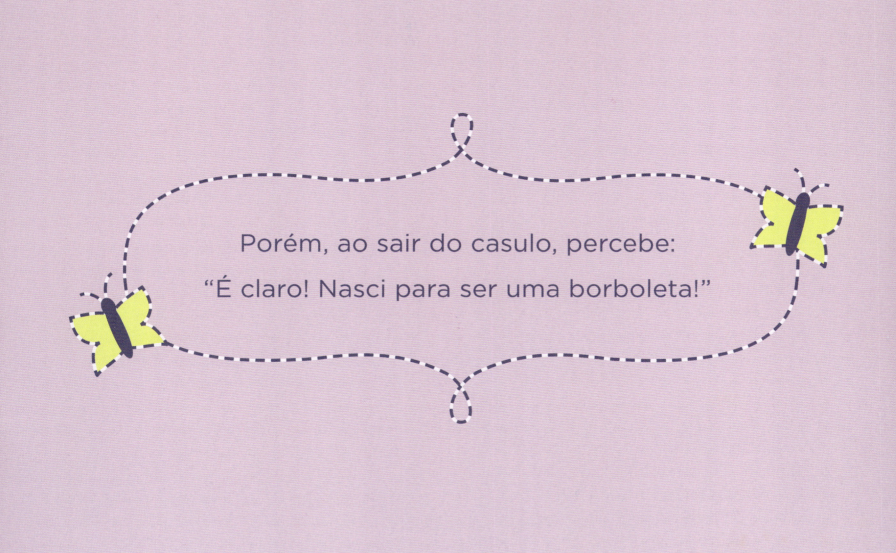
Porém, ao sair do casulo, percebe:
"É claro! Nasci para ser uma borboleta!"

Quando ela sonha com um mundo cor-de-rosa...

passeia por um parque de algodão-doce...

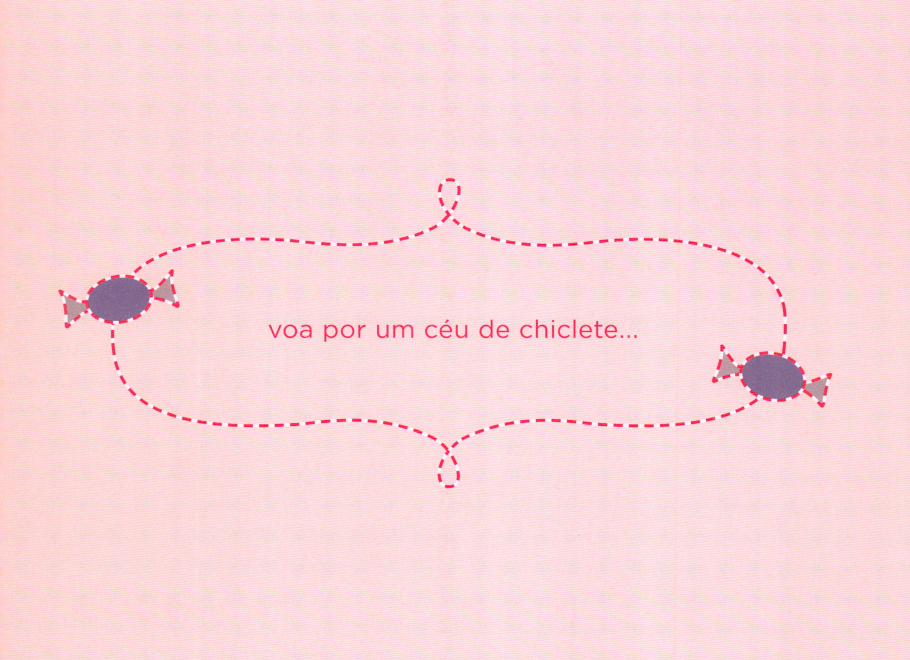

e relaxa numa lua de framboesa.
Como dorme minha pequena sonhadora!

Quando sonha que está viajando pelo mundo...

começa sua jornada na garupa de um elefante indiano...

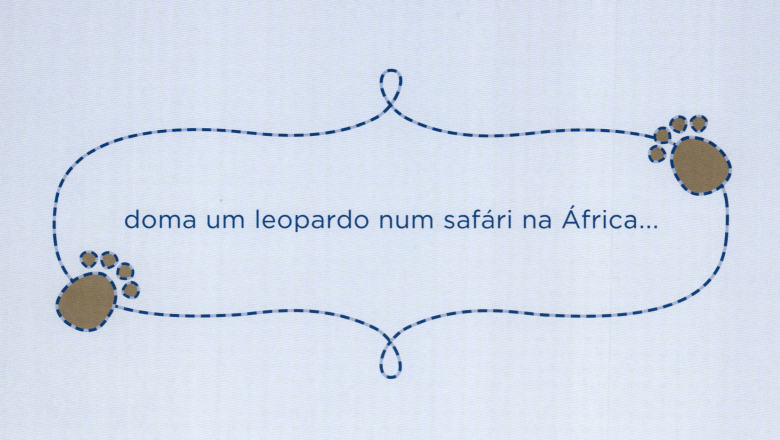

doma um leopardo num safári na África...

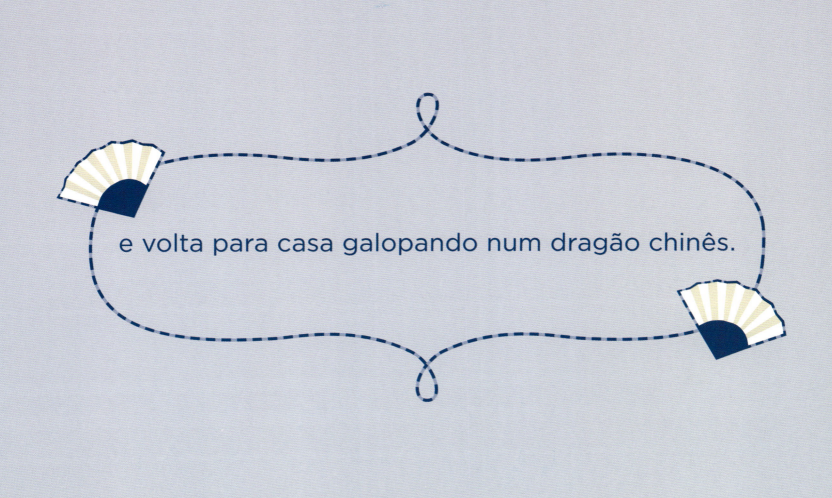

Quando sonha que está voando...

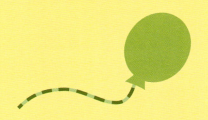

usa balões de aniversário para subir...

e a echarpe da mamãe para descer...

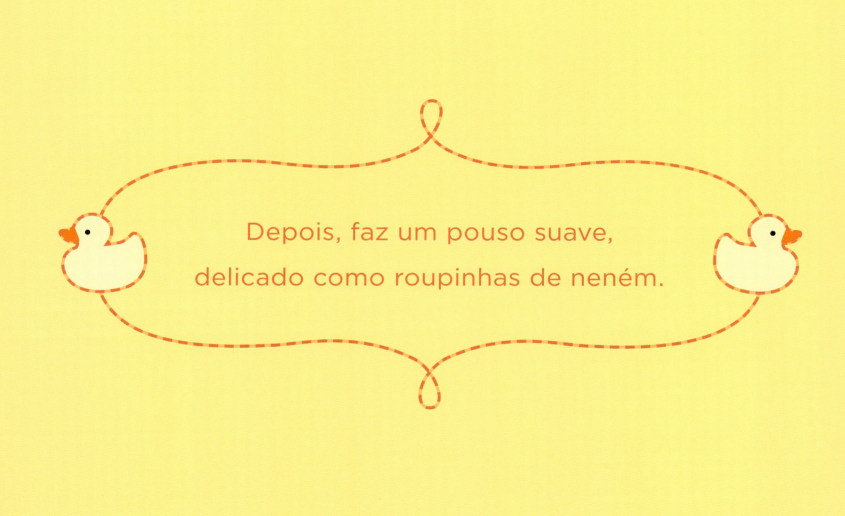

Depois, faz um pouso suave,
delicado como roupinhas de neném.

Quando ela sonha que vive no mar...

sai para pegar onda de manhã...

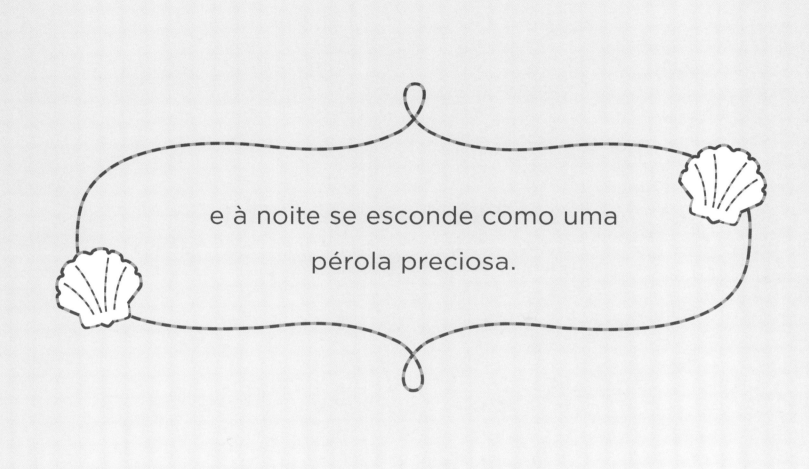

e à noite se esconde como uma pérola preciosa.

Quando Mila finalmente acorda...

os elefantes, as borboletas e o
céu de chiclete desaparecem...

Mas eu estou bem ali, ao seu lado. E sempre estarei.

Meus sinceros agradecimentos a Dorothy Pietrewicz

Título original: *When My Baby Dreams*
Copyright © 2012 por Adele Enersen
Copyright da arte de capa © 2012 por Adele Enersen

tradução: Angélica Lopes
preparo de originais: Cristiane Pacanowski
revisão: Caroline Mori, Hermínia Totti e Rafaella Lemos
design de capa, miolo e ilustrações: Jennifer Rozbruch
adaptação do miolo: Marcelo Morais
adaptação de capa: Ana Paula Daudt Brandão
impressão e acabamento: RR Donnelley Moore

Para Mila.
Espero que todos os seus sonhos
se tornem realidade.

CIP-BRASIL. CATALOGAÇÃO-NA-FONTE
SINDICATO NACIONAL DOS EDITORES DE LIVROS, RJ

E46s

Enersen, Adele
    Os sonhos do meu bebê / Adele Enersen [tradução de Angélica Lopes]; Rio de Janeiro: Sextante, 2012.
    48p.; il.; 25,4x21,6 cm

    Tradução de: When my baby dreams
    ISBN 978-85-7542-771-2

    1. Lactentes – Obras ilustradas. 2. Sonhos – Obras ilustradas. I. Título.

12-1008   CDD: 649.1
                                  CDU: 649.1

Todos os direitos reservados, no Brasil, por
GMT Editores Ltda.
Rua Voluntários da Pátria, 45 – Gr. 1.404
Botafogo – 22270-000 – Rio de Janeiro – RJ
Tel.: (21) 2538-4100 – Fax: (21) 2286-9244
E-mail: atendimento@esextante.com.br
www.sextante.com.br